BEI GRIN MACHT SICH IHR WISSEN BEZAHLT

- Wir veröffentlichen Ihre Hausarbeit,
  Bachelor- und Masterarbeit

- Ihr eigenes eBook und Buch -
  weltweit in allen wichtigen Shops

- Verdienen Sie an jedem Verkauf

Jetzt bei www.GRIN.com hochladen und kostenlos publizieren

Strategische Unternehmensführung und Change Management

Raphael Lang

Bibliografische Information der Deutschen Nationalbibliothek:

Die Deutsche Nationalbibliothek verzeichnet diese Publikation in der Deutschen Nationalbibliografie; detaillierte bibliografische Daten sind im Internet über http://dnb.d-nb.de abrufbar.

ISBN: 9783346493989
Dieses Buch ist auch als E-Book erhältlich.

Druck und Bindung: Books on Demand GmbH, Norderstedt Germany
Gedruckt auf säurefreiem Papier aus verantwortungsvollen Quellen

Das vorliegende Werk wurde sorgfältig erarbeitet. Dennoch übernehmen Autoren und Verlag für die Richtigkeit von Angaben, Hinweisen, Links und Ratschlägen sowie eventuelle Druckfehler keine Haftung.

Das Buch bei GRIN: https://www.grin.com/document/1128766

Deutsche Hochschule für

Prävention und Gesundheitsmanagement

Einsendeaufgabe

Master of Arts Sportökonomie

Lang, Raphael

München

Sommer 2020

Inhaltsverzeichnis

1 Bodo Müllers Plan

Bodo Müller arbeitet in der Gesundheits- und Medizintechnik AG als Marketing Direktor der Abteilung Vertrieb. Die AG hat in den wichtigsten Produktkategorien einen Marktanteil von 30 % in Deutschland. Außerdem ist das österreichische Unternehmen einer der größten Lieferanten der Gesundheitsindustrie. Herr Müller stellte dabei Veränderungen des deutschen Marktes fest und die Änderung des Verhaltens der Kunden. All das ist Grund genug für Bodo Müller, aus Sicht des Unternehmens zu handeln.

1.1 Gründe für Wandel

In dieser nachfolgenden Tabelle werden drei Ursachen für den strukturellen Wandel aufgeführt. Grundsätzlich kann man sagen, dass die schärfere Ökonomie, starken Einfluss auf den Wandel nimmt. Damit Krankenhäuser und Ärzte bestehen bleiben können, müssen sie Gewinne generieren.

Tab.1: Drei Gründe für den Wandel

1.	Infolge des demographischen Wandels und der immer schlechter werdenden wirtschaftlichen Situation, werden die Krankenhäuser gezwungen in die Instandhaltung ihrer bereits gebrauchten Geräten zu investieren, anstatt neue medizinische Geräte zu kaufen.
2.	Durch politische Entscheidungen, werden die Zuschüsse für neue medizinische Geräte begrenzt.
3.	Ob ein neues medizinisches Gerät benötigt wird, entscheidet zunehmend die Einkaufsabteilung des Krankenhauses. Die aber hauptsächlich den ökonomischen Gedanken interessiert. Früher hatte die Entscheidungsmacht noch der Arzt selber, ob ein medizinisches gebraucht wird.

1.2 Aspekte des Strategiewandels

Wegen der wahrgenommenen Veränderung des Kunden und des Marktes, arbeitet Herr Müller an einen Plan des Strategiewandels.

Tab.2: Drei Aspekte des Strategiewandels

1.	Die bisherige Ausrichtung, dass das Marketing sich an den Bedürfnissen der Krankenhausärzte orientiere, soll wegen des veränderten Kaufverhaltens gekippt werden. Zukünftig soll das Marketing und der Verkauf auf das „C-Level" ausgerichtet werden, wie zum

	Beispiel an den CEO, CFO und CIO. Das „C-Level" Marketing soll alle sieben Produktlinien abdecken, da eine einzelne Aufteilung nicht möglich ist.
2.	Die Marketing Vizepräsidenten (VPs) der sieben Produktlinien, sollen einen kleinen Teil ihres Marketingbudgets in das C-Level Marketing investieren.
3.	Die AG muss, laut Bodo Müller, ganzheitliche Lösungen anbieten, die die allgemeine Effizienz in Krankenhäuser verbessern soll. Da die Kaufentscheidung nicht mehr in den Händen des Krankenhausarztes liegt, sondern in denen der Einkaufsabteilung.

1.3 Barrieren und Widerstände

1.3.1 Barrieren

Tab.3: Barrieren

Mangel an Knowhow	Bisher waren alle Vizepräsidenten der einzelnen Produktlinien für ihre technischen Produkte eigenverantwortlich zuständig. Zukünftig soll das eigene Wissen mit den anderen Produktlinien gekoppelt werden. Wenn bei diesem Vorgang etwas schief geht oder nicht richtig zusammengefasst wird, können Wissenslücken entstehen.
Fehlende Ressourcen	Herr Müller benötigt für den Strategiewandel finanzielle Ressourcen, da sich das Marketing des Unternehmens auf eine neue Zielgruppe konzentriert. Da Bodo Müller nicht weiß, ob diese Mittel den einzelnen Abteilungen zur Verfügung steht, könnte dies eine Barriere für die Strategie werden.

1.3.2 Widerstände

Tab.4: Widerstände

Unruhe durch VPs	Da durch das neue „C-Level" Marketing die einzelnen Posten der Vizepräsidenten zukünftig wegfallen, müssen diese in neue Positionen eingeteilt werden. Dies kann zu Unruhe im Unternehmen führen
Lustlosigkeit	Herr Müller verschickte Einladungen an die Arbeitsgruppe, für ein Kickoff Meeting. Zu diesem Meeting kamen aber nur die Hälfte der Leute und die die da waren, waren auch nicht davon begeistert. Man könnte daraus interpretieren, dass die Leute nicht von dem Plan überzeugt sind.

2 Change Management

Change Management konzentriert sich auf spezifische Problembereiche und bekommt dabei durch die Realisierung von tiefgreifendem Wandel, die Konzentration auf die Bewältigung von Problemen der „wertmäßig-kulturellen" und der „politisch-verhaltensorientierten Dimension", die Ausrichtung auf die Implementierung und weniger auf die Konzipierung der Veränderung ein eigenständiges Profil (Bamberger & Wrona, 2012, S. 513).

2.1 Gründe für Scheitern

Tab.5: Vier Gründe für das Scheitern

Fehlende Dringlichkeit (Stufe 1)	Da er sich nur vierteljährlich mit den VPs zu einem Meeting trifft, entsteht nicht der Eindruck der Dringlichkeit. Zusätzlich geht er nicht auf die Chancen und Risiken des Unternehmens ein. In der Anfangsphase des Konzeptes ist es wichtig wöchentliches Feedback zu bekommen. Noch dazu sollte er die Führungsebene mit einbinden, damit diese auch die Dringlichkeit sehen und es den Mitarbeitern auch mitteilen können.
Kein starkes Leistungs-team (Stufe 2)	Herr Müller wollte eine Arbeitsgruppe aus allen VPs zusammenstellen, jedoch ist die Hälfte nicht gekommen und der anderen Hälfte war anzumerken, dass sie nicht Motiviert war. Er hätte auf ein Team setzen müssen, dass aus freiwilligen Mitarbeitern besteht und somit jeder motiviert wäre.
Keine aussa-gekräftige Vision (Stufe 3)	Die Formulierung „Es muss etwas unternommen werden", zeigt keine klaren Ziele auf und auch der Weg der Unternehmung wird nicht aussagekräftig aufgezeigt. Viel mehr hätte er einen Emotionalen Vortrag halten müssen, in dem klare Strukturen und ein formuliertes Ziel aufgezeigt wird.
Fehlendes Verständnis und Akzep-tanz (Stufe 4)	Da keine konkrete Vision vorgegeben wurde und von Herr Müller nicht vorgelebt wurde, stieg das Misstrauen der Mitarbeiter in das Konzept. Er hätte das Konzept offen ansprechen sollen, damit es jeder Mitarbeiter versteht und sich jeder ein Bild davon machen kann.

2.2 Veränderungen meistern

1) Gefühl der Dringlichkeit für eine bedeutende Chance wecken:

Anpassungen sind kontinuierlich notwendig und müssen immer nach der größten erkennbaren Chance ausgerichtet sein, das muss den Mitarbeiter bewusst sein (Kotter, 2015, S. 89). Damit die Mitarbeiter ständig daran erinnert werden, ist es die Aufgabe der Führungsebene die Dringlichkeit zu kommunizieren (Kotter, 2015, S. 89). Dringlichkeit ist Grundstein für den Fokus auf Chancen und den Ausbau des Netzwerkes (Kotter, 2015, S. 89). Bodo Müller hätte seine Präsentation auf eine emotionale Ebene bringen müssen. Um dies zu schaffen müsste er die VPs und zusätzlich die Führungsebene auf die Konsequenzen des nicht Handelns hinweisen und gleichzeitig einen positiven Ausblick geben. Somit wäre die Führungseben auch informiert und könnte ein Gefühl der Dringlichkeit zur Veränderung ausrufen.

2) Aufbau und Pflege einer lenkenden Koalition:

Die lenkende Koalition sollte aus Unternehmensmitarbeitern bestehen, die freiwillig der Mittelpunkt eines Strategienetzwerkes ist (Kotter, 2015, S. 89). Es sollte aus jeder Abteilung und Hierarchiestufe ein Vertreter vorhanden sein und zusätzlich sollten auch kompetente Führungspersönlichkeiten und Manager vertreten sein (Kotter, 2015, S. 89). Herr Müller gründete nur eine Arbeitsgruppe auf Arbeitsebene. Es wäre sinnvoller gewesen, dass er alle Unternehmenshierarchien mit einbezogen hätte. So könnte die Führungsebene auf die Dringlichkeit des Wandels aufmerksam machen und es würden sich Freiwillige melden, deren Wohl des Unternehmens am Herzen liegt. Denn Menschen, die sich freiwillig melden sind überzeugt von dem Konzept und sind dadurch leistungsfähiger.

3) Formulierung einer strategischen Vision und Entwicklung von Change-Initiativen:

Die Vision sollte verständlich, einfach zu vermitteln, emotional und strategisch intelligent formuliert sein (Kotter, 2015, S. 89). Sie soll als Leitbild für den angestrebten Erfolg dienen, gibt eine Orientierung und versorgt die Mitglieder mit ausreichenden Informationen (Kotter, 2015, S. 89). Da Bodo Müller nur die Botschaft „Es muss etwas unternommen werden" vermittelt hat und sich nur auf Daten und Fakten beruft, blieb er beim Meeting nur auf einer sachlichen Ebene. Er hätte eine verständliche und emotionale Vision aufzeigen müssen. Herr Müller hätte aufzeigen können welche Chancen sich mit dem C-Level Marketing ergeben. Eine mögliche Vision könnte lauten: „Durch C-Level Marketing den größten Marktanteil der Medizinbranche generieren."

4) Kommunikation der Vision und der Strategie, um Unterstützung und Freiwillige zu gewinnen:

Eine mit Leben gefüllte Vision und Strategie kann sich schnell mündlich verbreiten, wenn sie von der Koalition ehrlich vorgelebt wird (Kotter, 2015, S. 89). Diese Koalition kann, wenn sie die richtigen Botschaften auf den Punkt bringt, viele Freiwillige dazu gewinnen (Kotter, 2015, S. 89). Herr Müller hätte zuerst die Führungsebene überzeugen müssen und diese dann die VPs. Die Vizepräsidenten hätten dann ihre Überzeugung weiter in ihre Abteilung gegeben, damit am Ende alle von dem Strategiewandel überzeugt sind. Noch dazu hätte er eine Feedback Runde einberufen könne, in denen er Unklarheiten und bedenken aus der Welt schaffen könnte.

5) Beseitigung von Hindernissen, um ein rasches Vorankommen zu ermöglichen:
Herr Müller sollte eine Kontrollgruppe einberufen, die sich um Probleme oder Anregungen kümmert. Diese erfasst und weitergibt, damit das Problem schnellstmöglich behoben werden kann.

6) Zelebrieren von schnellen, bedeutenden Erfolgen:
Um ein Strategienetzwerk glaubwürdig aussehen zu lassen müssen schnelle Erfolge erzielt werden (Kotter, 2015, S. 89). Erfolge die einen klaren Zusammenhang mit der Vision haben, geben ein gutes Feedback darüber, dass die Maßnahmen sinnvoll durchgeführt wurden (Kotter, 2015, S. 89). Im Fall von Bodo Müller hatte es keine Erfolge gegeben und der viertel jährige Abstand zu den Meetings war auch zu groß. Herr Müller hätte ein wöchentliches Meeting mit den VPs einberufen sollen und ein Meeting mit der Führungsebene in einem zwei Wochen Intervall. So könnte er die Erfolge stehts aufzeigen und die Motivation hochhalten, weil jeder sehen könnte, dass sich etwas positives durch den Strategiewandel verändert.

7) Nicht nachlassen, stets weiter lernen und nicht zu früh den Sieg ausrufen:
Da Änderungen im Geschäftsfeld gang und gebe sind, ist es wichtig darauf zu reagieren (Kotter, 2015, S. 89). Um ihre Wettbewerbsposition zu verbessern ist Dringlichkeit und das ständige am Ball bleiben von zentraler Bedeutung (Kotter, 2015, S. 89). Herr Müller hat im Vorfeld gute Arbeit geleitstet und sich durch Ermittlung von Daten und Fakten sehr gut informiert. Bodo Müller hätte den Markt weiter sondieren sollen, um auf mögliche Änderungen sofort zu reagieren. Nach dem ersten positiven Feedback von den VPs, hätte er seine Idee weiter ausbauen sollen und ein weiteres Meeting eine Woche später, mit neuen Erkenntnissen und Plänen halten sollen.

8) Institutionalisierung des strategischen Wandels in der Unternehmenskultur

Der strategische Wandel muss in die Unternehmenskultur integriert werden (Kotter, 2015, S. 89). Das C-Level Marketing muss neben den bestehenden Unternehmenskulturen integriert werden, um das Unternehmen so von der Konkurrenz abzuheben. Die Vision zeigt einen eindeutigen Weg, an dem sich die Mitarbeiter orientieren können.

3 Strategieimplementierung

3.1 Durchsetzung

Bei der Durchsetzung stehen vor allem verhaltensbezogene Aufgaben an erster Stelle, bei den verstärkt die Themen Konsensbildung, strategisches Verhalten, Kommunikation und Führungs- und Implementierungsstil diskutiert werden (Raps, 2004, S. 46). Mit Durchsetzungsstrategien werden Verhaltenswiderstände eliminiert und eine strategiebezogene Akzeptanz vermittelt (Welge & Al-Laham, 2012, S. 807).

Tab.6: Durchsetzung – Verhaltensbezogene Aufgaben

Vermittlung der Strategie	Einweisung und Schulung	Strategiebezogener Konsens
Die Betroffenen VRs mit einem Rundschreiben (E-Mail), über ein Meeting für den neuen Plan frühzeitig informieren.	Für alle VPs gibt es interne Schulungen, um die Produktline aller Abteilungen besser zu verstehen und kennenzulernen.	Formulierung gleicher Ziele.
Das Meeting mit dem Grundgerüst der Strategie halten und den Plan mit allen VRs zusammen erstellen und weiter ausarbeiten.	Zusätzlich werden die VPs eine Hospitation in jeder Produktline durchführen.	Durch das Mentorenprogramm werden erfahrene Mitarbeiter, den neuen Mitarbeitern an die Seite gestellt, um die Eingliederung der Neuen besser zu gestalten.
Die gesammelten Ergebnisse werden zusammengetragen und auf dem Kick Off Meeting, die fertige Strategie vorgestellt.	Es werden auch externe Verkaufsschulungen angeboten, um den Absatz noch weiter steigern zu können.	Die Kommunikation zwischen den Produktlinien wird durch wöchentliche Meetings verbessert.

3.2 Umsetzung

Sachbezogene Aufgaben dienen der Phase der Umsetzung, die sich das Ziel eines reibungslosen Ablaufes setzt (Corsten & Corsten, 2012, S. 209). Dazu zählen die strategiebezogene Ausrichtung der Erfolgsfaktoren, die Spezifikation der Strategien und die Formulierung von Maßnahmenprogramme (Corsten & Corsten, 2012, S. 209).

Tab.7: Umsetzung – Sachbezogene Aufgaben

Transformation	Anpassung	Motivierung
Innerhalb von einem Jahr wurden alle Mitarbeiter geschult	Vision, Mission und Werte werden angepasst	Jedes Quartal wird ein Bericht der aktuellen Lage intern veröffentlicht, damit jeder auf dem gleichen Stand ist und sich keiner vernachlässigt fühlt.
Die neuen Marketingabläufe sind nach 12 Monaten, mit einer Reserve von drei Monaten, perfekt eingespielt	Durch die Einführung des C-Level Marketings, muss die Marketingabteilung neu aufgebaut werden und die bisher verwendete Strategie aufgelöst werden.	Einführung einer Task Force für die Überwachung und einem monatlichen Meeting, bei dem die gewonnen Erkenntnisse besprochen und bearbeitet werden.
Einen externen Marketingexperten dazu holen, um seine Erfahrung in das neue Marketingkonzept einspielen zu lassen.	Neue Rollenbeschreibung der Mitarbeiter und neues Organigramm erstellen.	Jährliche Firmenfeier, bei der die Erfolge gefeiert werden können die sie erreicht haben.

4   Balanced Scorecard

Die Balanced Scorecard integriert monetäre sowie nicht monetäre Größen, berücksichtigen kurz- und langfristige Ziele und arbeitet mit vergangenheitsbasierten und Zukunftsorientierten Indikatoren (Bamberger & Wrona, 2012, S. 382).

4.1 Ursache-Wirkungskette

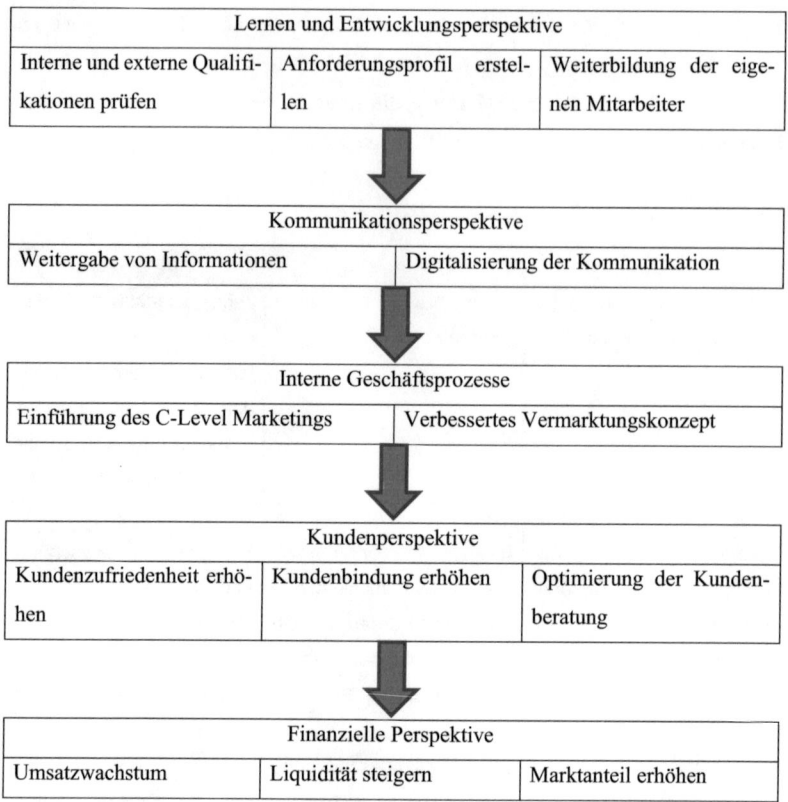

Lernen und Entwicklungsperspektive		
Interne und externe Qualifikationen prüfen	Anforderungsprofil erstellen	Weiterbildung der eigenen Mitarbeiter

Kommunikationsperspektive	
Weitergabe von Informationen	Digitalisierung der Kommunikation

Interne Geschäftsprozesse	
Einführung des C-Level Marketings	Verbessertes Vermarktungskonzept

Kundenperspektive		
Kundenzufriedenheit erhöhen	Kundenbindung erhöhen	Optimierung der Kundenberatung

Finanzielle Perspektive		
Umsatzwachstum	Liquidität steigern	Marktanteil erhöhen

Abb.1: Ursache - Wirkungskette

4.2 Festlegung Ziele, Kennzahlen, Vorgaben und Maßnahmen

Tab.8: Balanced Scorcard

Perspektiven	Ziel	Kennzahl	Vorgabe	Maßnahme
Lernen und Entwickeln	Die kompetentesten Mitarbeiter der Branche	Anzahl der Weiterbildungsmaßnahmen erhöhen	Zwei Schulung pro Quartal für jeden Mitarbeiter	Die Schulungen der Mitarbeiter sollen informativ und

				auf einer emotionalen Basis aufbauen
Kommunikationsperspektive	Das Unternehmen verfügt über das bestmögliche Kommunikationssystem	Nutzung und Akzeptanz des Kommunikationssystems	Nutzung des Digitalen Kommunikationssystems von 80 % innerhalb von zwei Monaten nach Einführung	- Einführung eines Intranets - interne Schulungen - interne Befragung zum Arbeitsklima im Betrieb
Interne Geschäftsprozesse	Einführung des neuen C-Level Marketingbereichs	Anzahl der Mitarbeiter im neuen C-Level Marketingbereich	Vollbesetzung	Durch kompetente Mitarbeiter wird das C-Level Marketing gebildet
Kundenperspektive	Die AG ist im Gesundheitsmarkt der beste Anbieter	Kundenzufriedenheit	Kundenzufriedenheit von 85 % in 12 Monaten	- Kundenbefragungen - Anzahl der Beschwerden minimieren - Schnelle Lösungsangebote erstellen
Finanzielle Perspektive	Größten Marktanteil auf dem Gesundheitsmarkt	Marktanteil erhöhen	Marktanteil von 50 % innerhalb von zwei Jahren	Erhöhung des Marktanteils durch C-Level Marketing

5 Unternehmensethik

5.1 Praxisbeispiel

Nestlé machte mit einigen Skandalen Schlagzeilen. Der erste Vorwurf an Nestlé ist, dass das Unternehmen im Süden von Afrika Wasser abpumpt, obwohl dort das Wasser eh schon knapp ist (Handelsblatt, 2019). Nestlé verwendet Palmöl für einige ihrer Produkte, nur die Gewinnung dieses Öls ist sehr fragwürdig. Für das Anpflanzen der Ölpalmen wird eine Fläche von 100 Fußballfelder pro Stunde gerodet (Handelsblatt, 2019). Der dritte Skandal soll Nestlés Tierversuche sein. Nestlés Tochterfirma „Nestlé Skin Health" vertreibt Botoxmittel, die bei der Herstellung an Mäusen getestet werden (Handelsblatt, 2019). Ein weiterer Skandal ist, dass Nestlés Babynahrung den Babys schaden. Die Babynahrung basiert nicht auf Ernährungswissenschaften, sondern gezielt auf den Profit und den Kostenwachstum von Babys (Handelsblatt, 2019). 2008 verkaufte Nestlés Tochterfirma in China verunreinigtes Milchpulver, dadurch starben sechs Babys und über 300.000 Säuglinge mussten ins Krankenhaus (Handelsblatt, 2019).

5.2 Unternehmenswerte

Tab.9: Unternehmenswerte (Nestle, 2021)

Unternehmenswert	Bedeutung
1. Nutrition, Gesundheit und Wellness	Lebensqualität unserer Kunden in aller Welt zu verbessern
2. Qualitätssicherung und Produktsicherheit	Sicherheit und hohe Qualität der Produkte
3. Konsumentenkommunikation	Verantwortungsvolle und verlässliche Kommunikation die eine gesündere Ernährung fördert
4. Achtung der Menschenrechte	Will mit Achtung der Menschen- und Arbeitsrechte im Rahmen der Geschäftstätigkeit mit gutem Beispiel vorangehen.
5. Führung und persönliche Verantwortung	Mitarbeiter sind die Grundlage des Erfolgs
6. Gesundheit und Sicherheit am Arbeitsplatz	Vorbeugung von arbeitsbedingten Unfällen, Verletzungen und Krankheiten zum Schutz der Mitarbeiter
7. Lieferanten- und Kundenbeziehungen	Ehrlichkeit, Integrität und Fairness von Lieferanten, Zwischenhändlern und Zulieferern und von Nestlé selbst
8. Landwirtschaft und ländliche Entwicklung	Wirtschaften Status von Bauern und ländlichen Gemeinschaften zu verbessern und ökologische Nachhaltigkeit steigern

9. Ökologische Nachhaltigkeit	Umweltschonende Geschäftsmethoden, Nutzung natürlicher Ressourcen und Einsatz nachhaltig bewirtschafteter, erneuerbarer Ressourcen
10. Wasser	Nachhaltiger Nutzung von Wasserressourcen

5.3 Wertebruch

Schon in Punkt eins (vgl. 5.2) werden die Grundsätze gebrochen. Es ist wirtschaftlich sinnvoll die Kosten so gering wie möglich zu halten und auf den Profit dadurch zu setzen. Aber andererseits ist es nicht tragbar, wenn dadurch bei der empfindlichen Babynahrung gepfuscht wird und dadurch Babys krank werden oder sogar sterben. Den Punkt zwei kann man auch zu diesem Argument der verunreinigten Babynahrung zählen. Auch in den Punkten acht und neun kann man an den Grundwerten von Nestlé zweifeln. Denn durch die Rodung der Regenwälder, werden Lebensräume der Tiere und Menschen zerstört, die dort leben. Über Punkt 10 lässt sich auch streiten, da Nestlé in den Länder Wasser abpumpt, in denen es eh schon an Wasser mangelt. Nestlé pumpt Unmengen an Wasser jeden Tag ab und gleichzeitig wird in Kapstadt eine Wassersparstufe verordnet, in der die Menschen täglich nur 50 Liter Wasser verwenden dürfen (Handelsblatt,2019).

5.4 Konsequenzen

5.4.1 Interne Stakeholder

Eine mögliche Konsequenz, könnte es in der Mitarbeitereben geben. Da diese vielleicht von der Herstellung der Produkte nichts wissen und sie diese Produkte nur gewinnbringend verkaufen wollen. Sollten die Mitarbeiter den Grundwerten der Firma folgen, könnte dies bei den Mitarbeitern zu einem innerlichen Zwist führen und somit sich ein Mangel der Motivation und Leidenschaft bei der Arbeit herausstellen.

Eine tatsächliche Konsequenz betrifft die Managementebene. Durch ihre Entscheidungen wurden die Skandale ausgelöst, über die viel im Fernseher und in der Presse gesprochen wurde. Sie sind deswegen gezwungen zu reagieren und sich zu rechtfertigen, um Nestlé in Zukunft wieder glaubhaft und seriös zu machen. Sie können transparenter für die Öffentlichkeit werden, damit man nachvollziehen kann, wie die Prozesse zum Beispiel beim Palmöl sind, bis hin zu den Plantagen.

5.4.2 Externe Stakeholder

Zu den möglichen externen Stakeholder gehören die Kunden speziell in China, die nichts-ahnend das verunreinigte Milchpulver kaufen und glauben dem Säugling etwas Gutes zu tun. Doch dabei muss das Baby deswegen ins Krankenhaus und im schlimmsten Falle ringt es mit dem Tod.

Weiterer Stakeholder sind die Supermärkte und Einzelhändler, die die Produkte von Nestlé verkaufen. Durch den Imageschaden von Nestlé könnte es sein, dass die Endver-braucher diese Produkte nicht mehr kaufen und somit der Einzelhändler oder Supermarkt einen wirtschaftlichen Schaden generiert. Zusätzlich könnte es sein, dass dann auch der vertreibende Supermarkt einen Imageschaden entwickelt, da er diese Produkte anbietet.

6 Literaturverzeichnis

Bamberger, I. & Wrona, T. (2012). *Strategische Unternehmensführung. Strategien, Systeme, Prozesse* (2. Aufl). München: Vahlen

Corsten, H. & Corsten, H. (2012). *Einführung in das strategische Management* (Bd. 8487). Konstanz: UVK Universitätsverlag.

Handelsblatt. 2019. *Warum Nestlé so unbeliebt ist.* Zugriff am: 23.02.2021 Verfügbar unter: https://www.handelsblatt.com/unternehmen/handel-konsumgueter/lebens-mittelkonzern-warum-nestle-so-unbeliebt-ist/26287122.html?ticket=ST-5328042-ysDhzcAKkoP5puQ1CZYs-ap1

Kotter, J. P. (2015). Die Kraft der zwei Systeme. Harvard Business Manager (Spezial), 83-93.

Nestle. 2021. *Die Nestle Unternehmensgrundsätze.* Zugriff am 23.02.2021. Verfügbar unter: https://www.nestle.de/unternehmen/grundsaetze/nestle-unternehmens-grundsaetze

Raps, A. (2004). *Erfolgsfaktoren der Strategieimplementierung. Konzeption und Instrumente* (2., aktualisierte Aufl). Wiesbaden: Dt. Univ.-Verl.

Welge, M. K. & Al-Laham, A. (2012). *Strategisches management. Grundlagen – prozessimplementierung* [S.I.]: Gabler.

7 Abbildungs- und Tabellenverzeichnis

7.1 Abbildungsverzeichnis

7.2 Tabellenverzeichnis